Laurence Anholt

Der Sonnenblumen-Mann

Eine Geschichte über Vincent van Gogh

Deutsch von Angelika Kutsch

CARLSEN

Dort, wo Camille einst lebte, wurden die Sonnenblumen so groß, daß sie aussahen wie richtige Sonnen –

ein ganzes Feld voller brennender Sonnen.

Jeden Tag, wenn die Schule aus war, lief Camille durch das Feld mit den Sonnenblumen, um seinen Vater zu besuchen. Der arbeitete bei der Post. Zusammen hoben sie die schweren Postsäcke aus dem Zug.

Eines Tages kam ein fremder Mann in ihrer Stadt an. Er trug einen Strohhut und hatte einen gelben Bart. Mit flinken braunen Augen sah er sich um.

»Ich bin Vincent, der Maler«, sagte er und lächelte Camille an.
Vincent zog in das gelbe Haus am Ende der Straße, in der Camille wohnte. Der Maler hatte kein Geld und keine Freunde.

»Komm, wir wollen ihm helfen«, sagte Camilles Vater. Sie beluden die Postkarre mit Töpfen, Pfannen und alten Möbeln, die sie zu dem gelben Haus brachten.

Camille pflückte unterwegs einen riesigen Strauß Sonnenblumen für den Maler und stellte sie in einen großen braunen Krug.

Vincent war sehr froh, daß er nun zwei gute Freunde hatte.

Er fragte Camilles Vater, ob er nicht in seiner besten blauen Uniform gemalt werden wollte. »Du mußt aber ganz still sitzen«, sagte Vincent. Camille sah ihm beim Malen zu. Ihm gefielen die hellen Farben, die der Maler benutzte, und er mochte den strengen Geruch der Farben.

Wie durch einen Zauber erschien das Gesicht seines Vaters auf der Leinwand.
Es wurde ein merkwürdiges Bild, aber sehr schön.

Vincent sagte, er würde gern die ganze Familie malen –

Camilles Mutter,

seinen großen Bruder,

seine kleine Schwester.

Und schließlich malte er auch Camille.
Camille war sehr aufgeregt – er war bisher noch
nicht einmal fotografiert worden.

Camille nahm sein Bild mit in die Schule.
Er wollte es allen zeigen.
Aber den anderen Kindern gefiel das Bild nicht.
Sie lachten, und Camille war sehr traurig.

Die älteren Kinder fingen an, Vincent zu ärgern. Nach der Schule liefen sie hinter ihm her, wenn er in die Felder ging, um zu malen.

Selbst die Erwachsenen machten sich über ihn lustig. »Es wird Zeit, daß er ordentlich arbeitet«, sagten sie, »statt den lieben langen Tag mit Farben zu spielen.«

An diesem Nachmittag saß Camille die ganze Zeit bei Vincent und sah ihm beim Malen zu. Es war sehr heiß, aber Vincent arbeitete ohne Pause. Er malte die Sonnenblumenfelder und die Sonne.
Er ist der Sonnenblumen-Mann, dachte Camille.

»Wenn ich reich wäre, würde ich alle deine Bilder kaufen«, sagte er.
»Vielen Dank, mein Freund«, sagte Vincent und lachte.

Als Camille und Vincent von den Feldern zurückkamen, warteten einige Kinder aus Camilles Schule auf sie.
Sie lachten Vincent aus und warfen mit Steinen.
Camille hätte sie gern daran gehindert – aber was konnte er tun? Er war ja nur ein kleiner Junge.
Schließlich rannte er weinend nach Hause.

»Weißt du, Camille«, sagte sein Vater, »die Leute lachen oft über Sachen, die sie nicht verstehen. Aber ich habe ein Gefühl, daß sie Vincents Bilder eines Tages sehr gern haben werden.«

In dieser Nacht hatte Camille einen merkwürdigen Traum. Er sah Vincent hoch über der Stadt im Mondlicht stehen.

Auf seinen Hut hatte er Kerzen gesteckt, damit er etwas sehen konnte.
Der Sonnenblumen-Mann malte die Sterne!

Früh am nächsten Morgen wurde Camille wach, weil es laut an die Haustür klopfte. Draußen standen Männer aus der Stadt, die seinen Vater sprechen wollten.

»Hör mal«, sagten sie, »wir möchten, daß du deinem Freund diesen Brief überbringst. Darin steht, daß er seine Malsachen packen und unsere Stadt verlassen soll.«
Camille schlüpfte zur Hintertür hinaus und rannte die Straße hinunter zu dem gelben Haus.

Drinnen war es ganz still.
Camille entdeckte die Sonnenblumen, die er für Vincent gepflückt hatte – sie waren vertrocknet und ließen die Köpfe hängen. Plötzlich war Camille so traurig wie noch nie in seinem Leben. Er fand Vincent im ersten Stock. Der Maler war dabei, seine Sachen zu packen. Er sah sehr müde aus, aber er lächelte Camille an.

»Sei nicht traurig«, sagte er. »Es ist Zeit für mich, daß ich mir einen anderen Ort suche, wo ich malen kann. Vielleicht mögen die Leute dort meine Bilder. Aber erst möchte ich dir noch etwas zeigen…«

Vincent hielt ihm ein riesiges Bild hin.
Da waren Camilles Sonnenblumen, größer und leuchtender denn je!
Camille betrachtete das Bild. Dann lächelte auch er.
»Auf Wiedersehen, Sonnenblumen-Mann«, flüsterte er. Und er rannte hinaus in den Sonnenschein.

Camilles Vater hat recht behalten. Die Leute lernten, Vincents Bilder zu lieben. Heute muß man sehr reich sein, um eins kaufen zu können. Die Leute besuchen Galerien und Museen in der ganzen Welt, um die Bilder von dem gelben Haus, von Camille und seiner Familie und vor allen Dingen die Sonnenblumen anzusehen – die so strahlend und hell leuchten wie die richtige Sonne.